JN068804

FOR MOTHER

MAKO流 リアルな子育て辞書

MAKO QUO

For mother.
better try to have fun
no matter what you do.

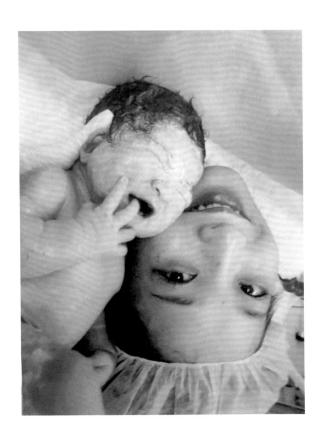

CONTENTS

はじめに

正解も不正解もない
『私達の育児　私達の人生』
欲しいのは 共感

FOR MOTHER

FOR MOTHER

about rasing children,pregnant,relationship
being mother,my mind

chapter01

私がしている 21 個のこと

21things what I do

(being myself)

You are not the only one.
I hope you can find your answer
through this chapter.

心のケアをして欲しい。ただそれだけ。

ワンオペ育児について
Rasing children as a mother

「しんどい！」と思った時、すぐに頼れる人が側にいるかいないかで、モチベーションが全然違う。仮に仕事が忙しい夫でワンオペに慣れていれば、それはそれで母親って出来ちゃうものだよね。ただ、パートナーには、側にいられない時、LINEや言葉のひとつだけでいいから、心のケアをして欲しい！だって私（母親）の "しんどい" と感じる時は育児に対してではなく、パートナーが気持ちに寄り添ってくれない時だから。まぁそれは時にお互い様なんだけどね（笑）もしフォローが全く出来ないのなら、一人の方がいい。自分で出来ちゃうから。

何でもオッケー育児！そこまで神経質になりすぎない！

子どもの寝かしつけについて

Put to sleep

保育園や学校が始まるまで、（その時になれば疲れて自然に寝たりと、ルーティーンが出来るから）そこまで神経質にならず、「寝たい時に寝なぁ〜」のスタイルです。体力有り余ってる子を無理やり寝かせて朝 6 時とかに起きてこられたら困るもん（笑）寝るのが夜 10 時でも、朝 8 時くらいまで寝てくれるなら全然オッケー育児！

(Rasing children as a mother)

毎日、愛してるを伝える。
表情や仕草を見逃さない。

子どもへの声かけ
Call to child

まず！第一に毎日「大好き、愛してる、今日もありがとう」を伝えています♡ 私と彼女達の間でそれを伝え、聞く事は愛を育む為の大切なコミュニケーションです。どんな１日だったとしても。"叱る" ことは、私個人としては、特に小学生以下の小さい子は、大人にとって都合が悪いという理由では叱りません。例えば飲み物をこぼしてしまったり、"悪意" を持っているわけではない時は、「やってしまった、ママごめんなさい」の彼女（子ども）の表情や仕草を見逃さないよう理解し、接する努力をしています。だからその時どうしてもごめんなさいが言えなくても、「まぁいっか！」と思っています！あ、余裕がある時に限ります（笑）育児ってそんなもん！

I hopt you always , hug me this tight

頑張らなくていい。適当でいい！

妊娠中、産後参考にしていたもの

Parenting Tips

私、頭はよくないし、ネットや本など、決められた育児方法を読むのは好きではないのですが、初めての妊娠をしてから、唯一見ている YouTube があります。何か迷った時に頭にスッと入る "12 人産んだ助産師 HISAKO の子育てチャンネル" というチャンネルです！この方の発信している育児は「頑張らなくて良い！適当で良い！」という考えで、それが凄く私の性格に合っていて、参考にしていることの一つです。

(Pregnancy)

何も言わなくていい。
ただ抱きしめてほしい。

妊娠中のメンタル
Pregnant

ほんっとーーーーにしんどかった（涙）1人目はお互い初めての事だったから夫も
なるべく気を使ってくれたり、まだ私1人だったので、しんどい時は好きなだけ寝
たり食べたり自分のペースで過ごせたから良かったものの、2人目妊娠中はえぐい
ほど辛かったです。とにかく悪阻も1日10回以上吐いたり、動けない毎日の中の上
の子育児、、、。完全に夫婦中壊れてあと1%で別れるレベルまでいきました。精神面
だけでなく、体調も本気で悪かったので余裕が少しもなく、夫に優しく出来なかっ
た事から、彼もうまくサポート出来ずで悪循環。その時して欲しかった事は、何も
言わなくていい、何もしなくていいから、"ただ抱きしめてほしかった"ということ。
きっと妊娠中のママ達はみんなそうだよね。それだけで乗り越えられる…。今では
笑い話だけど、（妊娠中辛かった事は一生忘れないって言ってる）世の中の旦那さん
達本当頼むよ（笑）

アナタのお陰で乗り越えられた。

2人目妊娠中に上の子に意識したこと
Second pregnancy

長女は1歳半で言葉も通じたので、私が「しんどい」というと、吐いてる背中をさすってくれたり、「ママ、大丈夫？」と心配してくれました。一人で遊んでくれたり、抱っこも我慢してくれたり、本当に彼女に精神的に助けられました。お風呂の時にお腹を見せて、「赤ちゃんいるよ」と伝えていたけど、お姉ちゃんになることを意識させたことはないです。ただ生まれた後は自然に彼女がお姉さん感を出してます♡母性本能でまくりせあちゃんです（笑）

せあちゃんがお姉ちゃんになると
わかってから初めて買った思い出の絵本。

ストレスを溜めず、気持ちのままに。

妊娠中の身体の管理
Condition during pregnancy

体重面では太りすぎて先生に怒られ、こんなに太るの！？というくらい、2人とも15KGは増えたと思います。だけど細かいことを気にしてストレスになるよりは、気持ちのままに妊婦生活を送る方が大事だと思っていたので、特に気にしてはいませんでした。日本の産婦人科では赤ちゃんが安全に生まれることが最重視な感じで、母体となる私達のメンタルケアまでは行き届かないのかなぁという印象が正直な感想です。

Just feel as you like it

(Pregnancy)

一番誰かに助けてもらいたい時。

社会から取り残される？ひとりで抱える孤独さ…

Feeling alone

妊娠も出産も、一人の人間を生み出すという大きなことをするのに、社会では理解されない気がしています。お店や交通機関、些細なところで生き辛いと感じます。家にいることが多くなるので、社会の動きも分からなくなり、人とのコミュニケーションもなくなるし、人生において一番大変な時に話せる環境がなかったので "孤独" は確実に感じます。私がラッキーだと思ったのは、SNSで話し、共感してもらう場があったこと。それだけで気が楽になったから、同じようなお母さんたちが少しでも気が楽になるようにと、リアルなことを発信するようになりました。ブランドのコミュニティでは、お母さんたちが集える場を設けています！みんな、愚痴って吐き出してスッキリして明日も頑張ろう！！

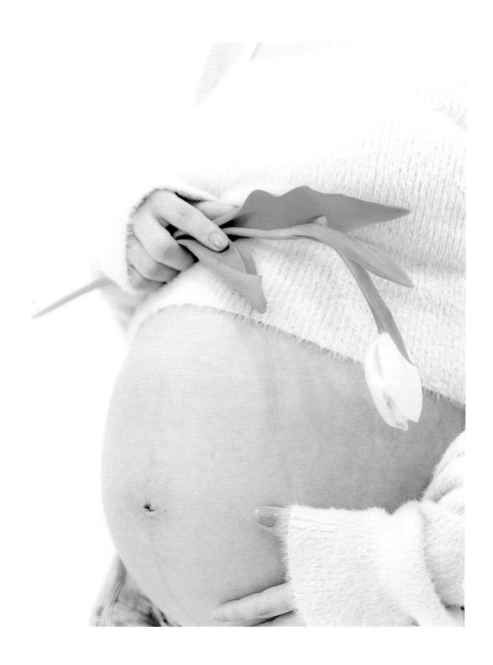

沢山ぶつかって、理解して、尊重し合えた。

夫婦仲
Partnership

よくラブラブで憧れますと言われるけど、すべてないものねだり、どこの夫婦とも変わらないよ（笑）それでも確実に昔より夫婦としてレベルアップしたなとはお互い感じてる。それはシンプルに沢山ぶつかって理解して尊重し合えた年月があった成果。そして私達夫婦の1番の良さは、夫婦であろうと親であろうと、お互いに1人の人生としてやりたい事をやっていこう！スタイルなところ。夫婦である、親である、ということに縛られすぎず、自分の人生を楽しんで満足出来ていれば自然と目の前にある家族を幸せにする事が出来ると思ってる。きっと彼も同じ気持ちだから、何も言わずサポートし合えている時は「うちら最高に良い関係じゃん？」と心から思える瞬間です♡

付き合って半年くらいの写真♡

とにかく褒め倒す。魔法です。笑

旦那の扱い方
How to treat my husband

世の中の男性でも、参考にならないくらい人類史上初、うちの旦那は良い意味でも悪い意味でも " 変わり者（最強な人間）" なので、参考になるか分からないですが、、、唯一、あ、こいつただの男だなと思う扱い方は " とにかく褒め倒す " こと。どれだけ私達（妻）にとってまだまだなレベルでも、やってくれた事に対して「すごぉーーい♡」「ありがと〜♡」「助かった♡」と言葉をかけると、魔法のように次回も気持ち良くお願いを聞いてくれる。そしてこっそり要望のレベルを上げていけばお互いWin-Win。

(Partnership)

二人の中で大切なものを満たす。

セックスレスについて
About sexless

本当、難しい問題ですよね〜。もちろん私達夫婦も何度かそういった時期があり、根本的に解決した訳ではないけれど、1つ私が感じた事をシェアするなら、セックスを求めている時は夫婦生活の中で心や行動が通じ合っていない、満たされていない時かなと思い、そこが上手に補われてる時、仮に最近セックスが減ったなと思っても、心が満たされているから、不満や不安に思う事は少しは減ったのかなと、、。何が言いたいかというと、若い頃は男女はそれが1番大事だと思っていたけど、夫婦ではそれより大切なものが2人の中で満たされてれば良い意味で二の次？に出来るのかな？と（笑）まぁほんっと難しいですけどね〜（笑）

Just need you , Stay here with me

(Partnership)

自由に生きてもいいんじゃない？

母親になっても1人の人生楽しむことってあり？

We only live once

結婚したらこの先50〜60年、一人の相手とだけ(例えば大袈裟だけどセックス、お出かけ) などその人とだけじゃないとダメ！ってキツくない？（笑）もちろんその人だけ！で一生を終えれたら物凄く素敵な事だし世間では当たり前かもしれないけど、だけどお互いに縛りすぎて夫婦感、男女として、1人の人間としてマイナスになってしまう事になるくらいならお互いをリスペクトして自分自身の人生は好きなように生きる方が私たちにとっては健康かなと思っています。もちろん、お互いを傷つけるようなことはしない！リスペクトをした上で、お互いがしっかり満たされているなら、あとは自由に生きても良いんじゃないかな？というのが私の考えです。理解されづらいけど（笑）極論その時にならないと分からないけど、もしそんな関係で夫婦を終えられたら、「お互い最高な人生だったね〜」なんて言いあいたいなって（笑）

一番の救世主はパパ。

育児とママの両立
Working mother

まず、本当に女性（ママ）が育児をしながら仕事をするって物凄く大変な事（涙）まだまだ私も全然上手く出来ていないです。だけどありがたい事に、私は周りに頼らせていただける状況があるので、そんな時は素直に助けてもらいます！だけど、最近私がリアルに考えている、どうしたら女性（ママ）が両立した時間を過ごせるか…。1番の救世主、夫（パパ）がどれだけ理解をし、"心のサポート"をしてくれるか。本当にそこに限るなぁ、と私は思います。私達（ママ）が「しんどい！助けてほしい！」と思う瞬間は、育児でも仕事内容でもなく、このすべてを1人で孤独に毎日、戦っていると気づいた時。私の場合は、パートナーと二人三脚で過ごせるなら辛さは半分になる。パートナーに頼れない時は、周囲の信頼出来る人の理解がそれを半減させてくれると思う。仕事も育児も2人（周囲）で"一緒"なら両立という言葉はパパとママそれぞれにあっていいはず。だ、か、ら！夫（パパ）や周囲に素直に伝えよう！甘えよう！協力し合う事が両立の1番の鍵。

いつも頑張ってるから
自分の為に叶えてあげたい。

母親だけどキラキラした女性で居続けたい。
どうやってバランスとってる？

Mother as woman

トレーニング、ネイル、まつエク、ショッピングは忙しすぎる時を除いて欠かせない大事な事！外見を保つことは自分のモチベーションを上げるのに有効だし、1番はいつでも綺麗な妻、ママでいたいから。育児、家事をしている上で自分が楽しみたいことは自分のために叶えてあげたい。自分が満足することがキラキラに見える秘訣なのかなと思います。環境に恵まれていてこそなので、そこには本当に感謝です。

私の母と夫の母。

理想の母親像って？

My rolemodels

自分の母と夫の母です。私の母は、子どもへの愛が大きくどんな状況でも助けてくれて、応援してくれて、支えてくれる人。孫、娘、みんなに大きな愛を送ってくれます。真面目な人だから、私の破天荒さは昔から理解出来ないとは言うけど、それも含めて応援してくれるのは伝わってきます。母の偉大さには自分が母親になった時に気づき始め、あの時もこうだったな、など些細な部分で日々尊敬が生まれます。自分も子どもにそう接しようと思う部分がたくさんあります。夫の母は特に一人の女性像として尊敬しています。自立していて、バイタリティ溢れ、自分の人生を謳歌している人。二人の良いところを私なりに勝手にMIXしてそんなママになりたい！なってる！と思ってます♡

沢山自分の人生謳歌しよう！

母親になって後悔したことってある？

How's being a mother?

後悔したことはないけど、これから母になりたいと思っている若い世代の子には、「たくさん自分の人生謳歌しておいて！」と伝えたいです。妊娠、出産は孤独な時があり、周りの子がうらやましくなるタイミングもあるかもしれないから。そういう時に満足するほど謳歌していたかで、精神状態も変わると思います。逆に周りがラッシュだったりすると、焦ったりすることもあるかもしれないけど、自分のタイミングで選んで欲しい！女性にとっては特に人生の一大イベントだからね。

私の人生　私のやり方で。

大切にしている言葉

My life , My way

言葉の通り " 私の人生　私のやり方で " 19、20 歳くらいの時に出会った言葉でこの言葉を機に正社員を辞め、自分の好きな事を好きなように生きる人生が始まりました（笑）自分の人生なんだから誰に何を言われようが自分が 1 番満足できる結果が大切だと思っています！元々周りからの意見を聞くのが苦手で、自分にとって凄くしっくりきた大好きな言葉なんです。この言葉に出会ってから、何でも自分が人生楽しいと思えればいいじゃん♡？と物事解釈してます。

経験は心の余裕。

ポジティブにいられる秘訣
The key to positive thinking

思い返すと元々ポジティブだった訳ではなく、目立つ事も苦手な学生時代でした（笑）
20歳頃から本当に自分の好きなように生き始めて、その色んな事をしてきた "経験"
が自分の軸となり、ポジティブに物事を捉えられるようになったと思っています。
　"経験は心の余裕" これは私が考えた言葉です♡ あとは、私の根本の性格、「考える
のも面倒くさい、なんでもいいやん精神」をみんながポジティブに捉えているのかも
しれません（笑）

自分の中の経験値を増やしていく。

自己肯定感を上げる方法
Self Esteem

これも " 経験 " からすべてくるものだと私は思っています。恋愛でも育児でも人間関係でも、何においても。自分の知らない世界が多いと選択肢は狭くなり、比較するものがないと自分の想像や価値観だけで決めつけてしまい、もっと素敵な選択があったはずなのに…と思うことが出てくると思います。だから私は迷ったり何かを決める時は、" 分からないけど一旦やってみる！" 失敗しても、成功してもそこで自分の経験値が一つ上がり、その " 経験 " が自分の人生を彩ってくれる。その経験から " 何かあっても世界は広い " という価値観が生まれ、良い意味で自分に逃げ道を作ってあげられ、自分や相手（パートナーや子ども）がどんな選択をしても怖くないんですよね！そう考える事で、自分で自分の人生にワクワクを与え、どんな時も「そんな自分が好き」と言える自己肯定感に繋がっていると思います。

Life is beautiful

(My mind)

何でも大雑把に。
それができたらもう一つできる事が増える。

長所、短所
Pros & Cons

長所でもあり短所でもあるのが、何でも大雑把にできる所。子育てしていて思うのは、
愛情がある前提で、どれだけの適当さを許せるか、「まぁいっか」が出来るか、で自
分を苦しめずに済むということ。それが出来るだけで他にももう一つ出来る事が増
え、気分も軽くいられます。今になって、より自分のこの性格は育児に向いてるな
と思っています（笑）

(My mind)

私の気分を持ち上げて♡

私の取り扱い説明書
How to treat me (mom)

気持ちの面が一番大事だから、私の場合はパートナーが私（ママ）の気分を持ち上げてくれれば、細かいことは気にならない（笑）女性は特に感情豊かだから、それさえあれば、いつもはムカつく些細な事も「いいよ♡やっとく♡」なーんて。ママが、機嫌良ければ自然と家の中が明るくなるので、パパ（パートナー）達宜しくお願いしますね♡

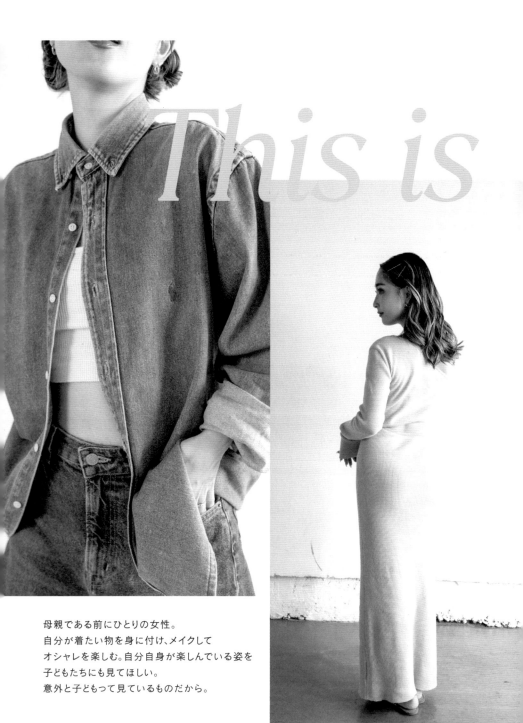

This is

母親である前にひとりの女性。
自分が着たい物を身に付け、メイクして
オシャレを楽しむ。自分自身が楽しんでいる姿を
子どもたちにも見てほしい。
意外と子どもって見ているものだから。

MAKOのリアルコーデを徹底解析！
ファッション・メイク・マザーズバッグなど
SNSでは語りきれない彼女のこだわりを大公開。

i am

who

DAY
01 Picnic day
— 公園で子どもと全力な日 —

*Fashion has
to reflect
who you are.*

*DENIM
DENIM
DENIM*

とにかく楽に動きやすく。ポケット付きはこだわりのポイント。
携帯とか小物が入れられるように！子どもと遊ぶときはデニムがマストです！

JACKET:RALPH LAUREN

INNER:ZARA

PANTS:古着屋

SHOES:NIKE

DAY
02 *Trip day* — 家族でテーマパーク旅行 —

TODAY'S POINT

写真映えするような色味をチョイス。低身長、童顔だからこそ肌みせをすることで
ママでも女性らしさを忘れないように意識。少しボリューミーなネックレスと
抜け感のあるシューズで全体のバランスをとっています！

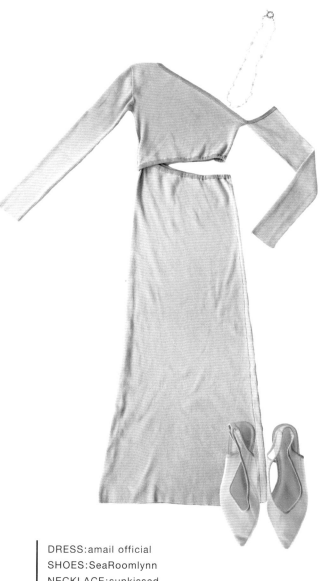

DRESS：amail official
SHOES：SeaRoomlynn
NECKLACE：sunkissed

DAY
03 Girl's night
— 大好きなGIRL'S達と最高の夜 —

*Every
Woman needs
good basics.*

*Simplicity
is key.*

TODAY'S POINT

この日は一番好きな格好を。ブラックで統一させてバランスをよくするのがマコ流。
スポーティなバイカーパンツはキレイめなジャケットとローファーで合わせて
ドレッシーなスタイリングに。

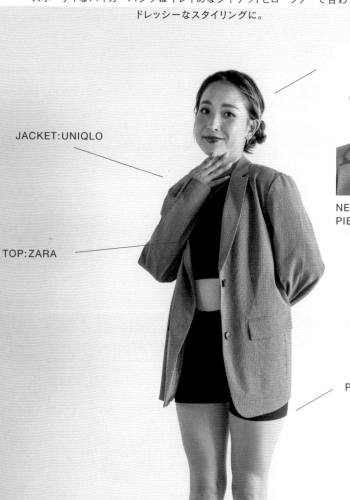

Accessories

JACKET:UNIQLO

NECKLACE : NO BRAND
PIERCE : sunkissed

TOP:ZARA

PANTS:NO BRAND

SHOES:ZARA

DAY *04* *Shopping day* － 子ども達を連れてお買い物 －

TODAY'S POINT

流行りの格好を。こだわりのトップスは2wayで変幻自在。
子どもを抱っこするときに腰に巻くことができるなどのアレンジができるのがポイント。

TOP:SeaRoomlynn
PANTS:GU
SHOES:ZARA
GLASSES:古着屋

*I am
my own
muse.*

KEEP IT
CLASSY.

TODAY'S POINT

イイ女がテーマ。こだわりは大胆な背中の肌見せ。
足首を見せることで抜け感を出すことを意識してます!
ネックレスは、低身長なので、タテのラインを意識して、子どもっぽくならないように。

GLASSES:LAVID

Accessories

TOP:SHEIN

RING : cene
PIERCE : ブラジルで購入

SKIRT:SeaRoomlynn

SHOES:ZARA

67

What's in
my bag

子どもっぽくならないようにショルダーにしているのがこだわり。お手軽な値段、そしてどの
ファッションでも合うデザイン性。肩紐も太めで長時間でも痛くならないように。収納がい
っぱいあることもこだわりの一つ。横の小さいポケットにはすぐ取り出せるように鍵をいれ
て使ってます！

All the details

Must items for makeup

Wallet

Airpods

Key

ピンクの推しポーチはFrancfranc
で購入。3歳の子のおむつ1枚、1歳
の子おむつ2枚、少しでも軽くするた
めに普段使っているおしりふき、ば
んそうこう、薬などを入れてもコンパ
クトになるのがポイント。

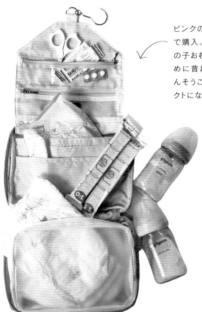

Mother's pouch

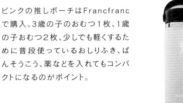

Water bottle

Blender

2人目にしてこれに出会い面倒くさ
い離乳食が神的に楽になって助か
ってる推しアイテムです！

Bag : LIRENNIAO / Mother's pouch : Francfranc / Wallet : IL BISONTE
Eyebrow pencil : INTEGRATE / Eyebrow color : dejavu
Mascara : NARS / Eyeliner : MAYBELLINE
Lipstick : BOBBI BROWN / Lip cream : 無印良品
Airpods pro : Apple / Water bottle : Hydro Flask / Blender : EDIMOTTO

My favorite cosme items

For eyebrows

For eyes

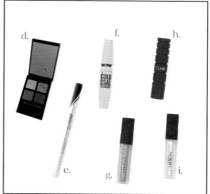

For face

For lips

a. INTEGRATE (Eyebrow pencil/N)

b. dejavu (Eyebrow color/NATURAL BROWN)

c. KATE (Eyebrow powder/BROWN)

d. ADDICTION (Eyeshadow/004)

e. MAYBELLINE (Eyeliner/漆黒ブラック)

f. MAYBELLINE (Mascara/BLACK)

g. DIDION (LIQUID GLITTER/03)

h. NARS (Mascara/ BLACK)

i. DIDION (LIQUID GLITTER/02)

j. MISSHA (Foundation/23)

k. M.A.C (Cheek/ユーモアミー)

l. JUNGSAEMMOOL (Skin setting)

m. CHANEL (Highlighter)

n. MAYBELLINE (Highlighter/SO1)

o. Yunth (Serum)

p. BOBBI BROWN (Lipstick/ボールドハニー)

q. The Mentholatum (lip cream)

How to apply makeup

Eye brows

パウダーでふんわりみせて、ナチュラルに。ない部分を色で埋め、眉頭はついているか、いないかくらいの量を乗せる。眉尻はペンシルで整え、最後に眉マスカラで眉毛を逆立てるのが垢抜けポイント。色は自分の髪よりワントーン明るめを選んでいます。

Eye line

メイベリンを高校生の時から愛用。色々試したけど、自分には黒が合う気がしています。形は練習するのみ！垂れ目なので吊り上げるように書き、目尻メインでひきます。後はまつげの間を埋める感じで。

Lips

唇が薄いから、下唇をスティックでオーバーリップ。基本的にはオレンジブラウン。
私にはブラウンよりの深い色味が合うと思っています。
最近のお気に入りは上から無印のグロスをのせてます。唇プルンはエロいらしいので！（笑）

SEA'S
HAIRSTYLE

1.PULL THROUGH BRAIDS

ーちょっとお洒落したい時ヘアー

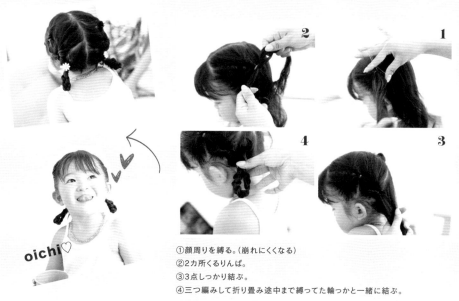

oichi♡

①顔周りを縛る。(崩れにくくなる)
②2ヵ所くるりんぱ。
③3点しっかり結ぶ。
④三つ編みして折り畳み途中まで縛ってた輪っかと一緒に結ぶ。

2.BRAIDS HAIR ーわんわんヘアー

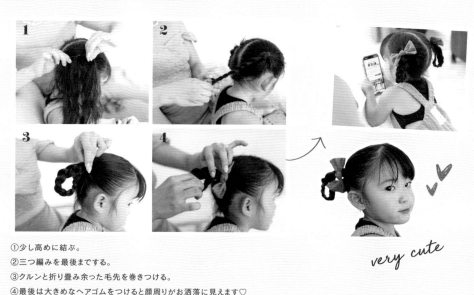

very cute

①少し高めに結ぶ。
②三つ編みを最後までする。
③クルンと折り畳み余った毛先を巻きつける。
④最後は大きめなヘアゴムをつけると顔周りがお洒落に見えます♡

Get to know
me better

chapter 03

24個の質問

24 Random questions

about my life, relationships and rasing children

My another sky..

Q1 宮古島に住んでいたの？

合計で2年間程住んでいました！リゾート
バイトは基本的に寮や交通費なども日数に
よっては出して頂けるので貯金もほぼなし
で行きたい！住んでみたい！そんな気持ち
だけで住んでいました！

Q2 宮古島でリゾートバイトしてたの？

リゾートバイトをしてました！基本は居酒
屋で、その系列店のキャバクラで初めて働
いてみたり、昼間も海関係でのお仕事も色
々経験しました！

Q3 MAKOさんにとって宮古島とは？

私の第二の故郷♡何かリフレッシュしたいなと思えば必ず宮古島に行きたいと思うし、この間4
年ぶりに行ったにも関わらず、みんなが『お帰り』と温かく迎えいれてくれる、そんな大切な場
所♡ そして私の人生の生き方、考え方を大きく変えてくれました！

" "
My second home.
It is a cherished place
that has significantly
changed my perspective and life.

Q4 子連れでもいける宮古島のおすすめスポットは？

・前浜ビーチ（浅瀬・石がない・シャワー、着替え室がある・カフェもあり、パラソルレンタル
　可能）空港から10-15分で便利だし、サンセットがピンクになって一番綺麗です。
・渡口の浜（伊良部島・砂浜が広い・浅瀬・石がない）こちらも子どもにおすすめで、今回の旅
　行でも行きました。

Q5 宮古島に行ったら絶対に買うもの、食べるものってありますか？

【昼】
「かめそば」（宮古島そば）とっても美味しい！必ずここは行きます。
「雪塩ソフトクリーム」（シークワーサーなど、様々な味の塩があって、
それをつけて食べるのですが絶品！）雪塩工場など、検索すると出てくると思います。
【夜】
「美ら島」沖縄居酒屋、ライブあり・子どもOK
「うまりずま」沖縄居酒屋、ライブあり・子どもOK
美味しいし、子どももOKなので夜ご飯はここに行きます。ちなみに私の元バイト先です♡

Beauty begins the moment you decide to be yourself.

Q6 産後の体型についてどうやってトレーニングしてる?

ダイエットはした事がなかったのですが、なめていた産後…こんなにも思うように戻らないものかと痛感し、さすがにダイエットというか身体づくりのトレーニングを始めました!私の場合"帝王切開"だった事もあり、出来ないメニューはあるものの、それを理由に先延ばしにしている人多いんじゃないですか?全然あります!お腹部分は軽くしたりタオルを何重にも厚みを出して行なったりしてます!

Q7 ダイエットのモチベーションの保ち方は?

"産前より良い身体に" を自分の中でのテーマにし、とにかく頑張りました。私の場合夏に向けて、が1番のモチベで大好きな水着を綺麗に着る為に必死で頑張る!のみ!!とにかく自分の中の強い目標を立て、がむしゃらにするのみです!そして確実な日にち、時間も決めちゃうのも大事なポイントです!

Q8 MAKOさんの食生活で心掛けていることは?

なーんにも（笑）ただ水はなるべく摂るようにしています。
あとは好きな時に好きなものを食べる!幸せ♡

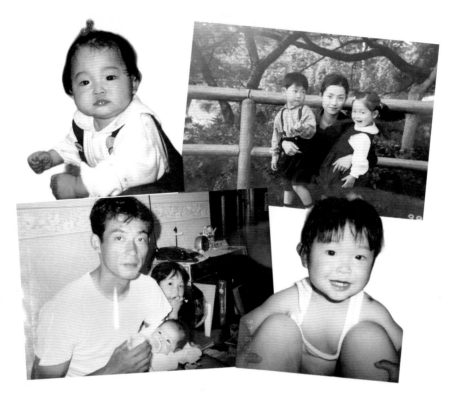

My *life* story

Q9 生い立ちを教えてください！

愛知県岡崎市出身の5人家族。兄、妹がいますが、自分が長女の感覚です。兄妹から恐れられている問題児でした（笑）家族の中で気分屋ワガママ大魔王。とくに妹を支配していた鬼姉でした（笑）今はとっても仲良し♡高校を卒業して二年間、社会人をして、リゾートバイトで小笠原諸島へ。SNS繋がりの会ったこともない人に紹介してもらい、会ったことない友人と未知の体験！それからは旅行にハマり、バリに一ヶ月住んだり、タイなど色々なところに旅行に行っていました。22歳で宮古島へ移住。トータルで約二年間住みました。
その後、名古屋のSeaRoomlynnで店舗スタッフとして働き始め、SNSのPRのお仕事も引き受け始めました。24歳で結婚、妊娠。26歳でブランドを立ち上げ。27歳で第二児出産。

Q10 小さい頃どんな子だった？

とにかく陽気で人見知りもなく周りを笑わせる事が好き！天真爛漫な子！だけど曲がった事が大嫌いで正義感強めなちょい面倒くさい子だったかも（笑）今でも英語全く喋れないけど小学生の頃から海外とファッションやマインドは常に影響していました♡

Do you want some more?

Baby food

Q11 離乳食・時短離乳食が見たいです！

ベビーフード様々♡お米だけはすり潰して冷凍ストックして、あとはベビーフードを混ぜるのみ！！最初なんて食べてくれるだけでいいし、徐々にお腹を満たしてくれれば私の中でパーフェクト（笑）離乳食に拘りなし。1番ストレスをかけたくない所かも（笑）健康ならOK！！

Q12 二人目が生まれてからの上の子への接し方は変わりましたか？

特に育児で変えた事はないけど、日々の生活の中で、長女との時間やスキンシップが取れていないなと感じた時は、すぐに次女を預けて長女との時間を作ったりしています！ただ多分私の娘はそこまで何とも思ってなくて、むしろ時間を作りたいと思ってるのは親の方なのかも。

Q13 育児に関する夫婦間の温度差はありますか？

うちは基本最初からルールも話し合いもなく自然と育児の事はすべて任せてもらっていて一度も文句を言われた事はないです！育児をする時間が圧倒的に私の方が多いので、尊重してくれてる事は凄くありがたいなと思う反面、何か子どもにとっての大事な行事、決め事などの温度感は感じます…。旦那さんの優しさ？（面倒くさくて後回しにしてる？）は育児だけは通用しないと思っているので、2人の子どもの事は2人で沢山悩んでベストな決断したいですよね〜なんて思ってます（笑）

Family

Q14 子どもの前での喧嘩した時の後のフォローは？

産まれる前は絶対子どもの前で喧嘩見せるのはやめよう！なんて思ってたけど普通に無理でした（笑）ただ私達はゴリゴリ喧嘩してる中でも、娘が遊ぶ為にオモチャを持ってきたり、何かほしい、やってもらいたいなどの要望の瞬間のみ普通に切り替えて対応しています（笑）後は子どもに対してのフォローより、ムカつきすぎて泣いてる私に娘の方が慰めてくれたりして、アフターフォローしてもらっちゃってます（笑）

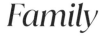

My love

Q15 感情的にならない方法は？

私、子どもに対してだけは感情をコントロールできる力を持ってるんですけど、家族や旦那さんにはエグいほど感情の起伏が激しいタイプです（笑）子どもに対しての感情のコントロールはシンプルにこんな可愛すぎる生き物にブチギレる事がないからですかね。（もちろん今の所）余裕がない時は強い口調になってしまう時もあるけれど、子どもの悲しい顔を見たら心をすぐ落ちつかされます（笑）申し訳ないけどその分家族、彼への感情はフルで出して、自分の中で爆発できる場所を決めているのかもしれません。女性として産まれて感情的にならない！なんてほぼ無理な話だから（笑）誰に感情を出すかかな？（綺麗事w）

Q16 好きな言葉は？
MY LIFE MY WAY

Q17 座右の銘は？
経験は心の余裕

A day with me

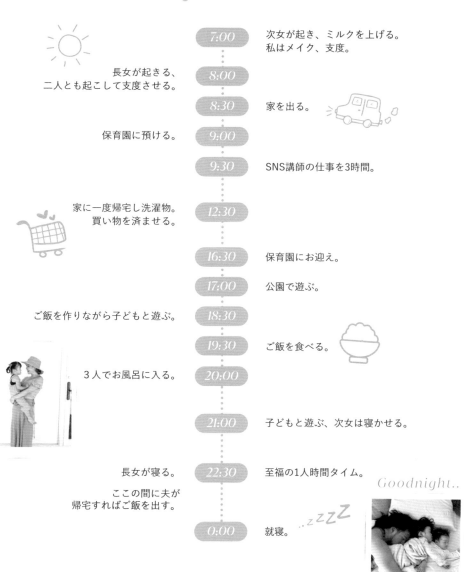

7:00	次女が起き、ミルクを上げる。私はメイク、支度。
8:00	長女が起きる、二人とも起こして支度させる。
8:30	家を出る。
9:00	保育園に預ける。
9:30	SNS講師の仕事を3時間。
12:30	家に一度帰宅し洗濯物。買い物を済ませる。
16:30	保育園にお迎え。
17:00	公園で遊ぶ。
18:30	ご飯を作りながら子どもと遊ぶ。
19:30	ご飯を食べる。
20:00	3人でお風呂に入る。
21:00	子どもと遊ぶ、次女は寝かせる。
22:30	長女が寝る。ここの間に夫が帰宅すればご飯を出す。／至福の1人時間タイム。
0:00	就寝。

Goodnight..

..zzZZ

Q18 1日のスケジュールを教えてください。

Q19 毎日しているルーティーンってありますか？

・Youtube見ながらご飯を食べる時間が幸せ！
・寝る前のSNS/Netflixタイム
・SNSを見るのは日課。

＜好きなチャンネル＞
・カジサック　・HISAKOさん　・あるごめとりい

Q20 ストレス発散方法はありますか？

最近はお香を焚いて良い香りを嗅ぎながら好きな音楽を聴く事♡すごく気持ちがリフレッシュされます！後はシンプルに好きな物を食べて好きな事を好きなようにする！！その時間をしっかり作らせてもらう事です！

My favorite flaver

Q21 人との関わり方について

人間関係って色々難しいからこそ、私は特に深入りせず、良い意味で自分にとって都合の良い時に連絡するし会うようになりました！私の周りの人にはそれもちゃんと伝えているし、理解してくれています。それでも側にいて、必要な時には助けてくれて、一緒に楽しんでくれる。そんな関係で良いのかなと思っています。特に女友達は色々複雑な世界だから、そこにフォーカスしすぎず、気が合う色んな人と出会いたいし、関わって自分の世界を広く持ちたいと思っています★自分の人生の友達くらい選ぶ権利はあるので♡

Family is not an important thing.
It is everything.

**Q22 MAKOさんのInstagramのこだわりは
ありますか？**

写真の投稿は自分の世界観（パッと見た9枚の
バランスを大事にする&文章はリアルに書く
ようにしている。その日に撮ったものはその
日に載せる。その時に感じたことを書く）を
保ちつつ、ストーリーやライブはリアルなこ
とを投稿。自分自身も楽だし、みんなとの距
離が近く感じます。自分のこだわりを保ちつ
つ、リアルさを大切にしています。

**Q23 いつかはお子さん二人の顔出しはなくな
るのですか？二人の成長は嬉しいけど、
拝見できなくなるのは寂しいです（涙）**

今のところ、予定はないけど考えています。
声をかけられたりする時に嬉しい反面、子ど
ものことを考えると不安なこともある。（難
しい世の中なので）本人と話して決めようと
思ってます。

Q24 子どもの写真を撮る時はカメラかスマホどちらですか？

半々くらいです。カメラの時はSONY VLOGカメラで、持っていった時だけそっちで撮ります。

chapter 04

ママが働くということ
Working mothers
────────────────────

責任感は持ちつつ、大雑把に素早くこなすこと。
仕事を受ける時は、育児が自分の中で一番なので、
それを優先して期間を設けられるか、調整できるか
どうかなどを提示した上で、自分が良いと思ったもの
のみ引き受けています。

私は20歳の頃からいつか水着ブランドを立ち上げたい！という夢がありました！
まず、そこに至るまでのお話をさせてもらいます。
私は生まれつき右太もも裏に『血管腫』という痣があって、物心ついた頃から
ずっとコンプレックスでした。そのせいで短いスカートや、水泳授業の水着は本
当に大嫌いだったのを覚えています。後ろに人が立つのも見られているようで嫌な
くらいコンプレックスでした。18歳から社会人になり2年普通に会社員をした後、
その頃流行り出したInstagramで水着を着ている子やビーチガールに目が止まり
憧れを持ち始め、そこから繋がったまだ会った事もない人にリゾートバイトを
紹介され、（これが私のリゾバ生活の始まり）
まだ若かった私は何一つ迷う事なく、リゾート生活に沼りました。
その生活の中で体型や年齢も様々な方達が毎日水着を着てキラキラしているのを
見て、私も自然とその環境に慣れていくと同時に、特に水着を着ている自分が
大好きになり、それがキッカケになり、自分らしさを見つけられた瞬間を今でも
覚えています。最初はただ水着が好きで若いピチピチの女の子へ向けてのビキニが
作りたかっただけでしたが、年齢を重ね＋自分自身の妊娠、出産を経験し、
変化する体型、心の変化に寄り添える産後のママに向けた水着を作りたいと
強く感じたタイミングで、サポートしてくれる方に出会い26歳で念願の
ブランドを立ち上げる事ができました！

Always be yourself

You are beautiful. Stay the way you are.

　　　【Cue】とは "きっかけ" という意味。
1着の水着が私を変えてくれるキッカケになったのと同じように、あなたが
　身につける【Cue】が1番あなたらしくいられる小さなキッカケに
　　　　　　なったらいいなと思い誕生しました♡
　みんなに伝えたい3つのメッセージ《コンプレックスに自信を》
　　《あなたらしいを好きに》《変化しやすい女性の身体に》

Thank you
for reading

読んでくれたアナタにとって
私のありのままが
良いも悪いも1つの基準となって
少しでも何かの力になれたら
嬉しいです！
今日もお疲れ様♡
明日も一緒に頑張りましょう‼

MAKO QUO

二児の母であり、妻であり、
自身のブランドディレクターでもあるMAKO QUO。
SNS総フォロワー数20万人を誇る人気インフルエンサー。
可愛らしい表舞台のMAKO、
すっぴんでワンオペ育児をするリアルなMAKO。
出来るだけ正直でありたいという本人のモットーで、
その両立を包み隠さず披露する。

FOR MOTHER

2023年10月15日　初版第一刷発行

著　　者　MAKO QUO
発 行 元　Jane Publishers（株式会社QUINCCE）
発 行 人　長倉千春
連 絡 先　info@janepublishers.com

Staff

編 集 者　Chiharu Nagakura (@chiionholiday)
　　　　　Akari Toda (@akaliy.t)
デザイナー　Aika Toyokura (@aikadesign_)
　　　　　Yuna Umiyama (@thesea_design)
撮 影 者　Antonio Nagajata from MIRAZENOBIA (@mirazenobia_studio)
　　　　　Asahi Oshiro (@pinmyself)
ヘアメイク　Hirono Sakamoto (@hirono.sakamoto)
　　　　　Akane Nakano (@akane.hair.make)
マネジメント　Nayumi Matsumoto

本書の一部または全部を、著作権者の許可なしに、複製、転載することを禁止します。
乱丁、落丁本はお取り替えいたします。連絡先の email までご連絡ください。

©MAKO QUO　©Jane Publishers